12周科学骑行指南

12周——从久坐族到轻松骑行25千米的蜕变

〔英〕丹尼尔·福特　著
〔英〕亚当·迪克森　健身顾问
〔英〕罗素·墨菲　心理顾问
叶芳　译

河南科学技术出版社
·郑州·

备案号：豫著许可备字-2018-A-0032

图书在版编目（CIP）数据

12周科学骑行指南/（英）丹尼尔·福特（Daniel Ford）著；叶芳译. —郑州：河南科学技术出版社，2018.10
ISBN 978-7-5349-9270-4

Ⅰ.①1… Ⅱ.①丹… ②叶… Ⅲ.①自行车运动-指南
Ⅳ.①G872.3-62

中国版本图书馆CIP数据核字（2018）第160314号

出版发行：河南科学技术出版社
地址：郑州市经五路66号 邮编：450002
电话：（0371）65788673 65788810
网址：www.hnstp.cn
策划编辑：李 林
责任编辑：李振方
责任校对：刘逸群
封面设计：张 伟
责任印制：朱 飞
印 刷：郑州新海岸电脑彩色制印有限公司
经 销：全国新华书店
开 本：787 mm × 1 092 mm 1/32 印张：4.5 字数：90千字
版 次：2018年10月第1版 2018年10月第1次印刷
定 价：39.80元

欢迎您，12周健身挑战从这里开始……

我们中的大多数人都想通过运动获得健康，却迟迟没有采取行动。

您的生活十分忙碌，锻炼这件事需要其他人和事配合，如朋友、伴侣、孩子、工作等。

健身就像与朋友出去吃饭或者出去玩一样，是一种乐趣，是生活的一部分。

本书给您提供了一个详细的健身计划，引导读者逐步实现目标。

您的12周专属骑行计划

1

承诺挑战

您需要告诉大家您的计划……

2

正式开始骑行

现在，您做好了思想准备，行动起来吧……

7

离成功越来越近

回顾走过的每一步，祝贺自己坚持到了现在……

8

想象成功

想象自己轻松完成25千米骑行时的场景……

9

终点就在前方

朝向终点冲刺……

10

专注目标

不要过度自信，有时过度自信会让人功亏一篑……

3

好好休息，充分拉伸

保证充足的睡眠，经常拉伸，在不锻炼的日子里好好休息……

4

让骑行成为习惯

不知不觉，骑行已成为您生活中不可缺少的一部分……

6

健身有益

相信潜意识，锻炼带来的益处很多……

5

享受平稳的骑行

把注意力集中在脚下的踏板上，充分享受骑行……

11

放松

挑战在即，您可以放松下来……

12

向着目标出发

经过数周的努力锻炼，您整装待发……

引言

您的12周健身计划，自此开始……

从您选择这本书可以看出您是一个知道自己想要什么的人。您选择这本书并翻开阅读意味着您已经迈出了最为重要的一步：下决心不再窝在沙发里，而是接受25千米的骑行锻炼。

或许您听过很多遍“第一步最为关键”或“实现目标的唯一方式就是立马行动，不再拖延”这样的话。愿意下决心开始锻炼就表示您已经在骑行锻炼的路上了。

如果您很长时间没出去骑行了（您擦洗过自行车了吗？），25千米骑行听起来可能很可怕，您也许会望而生畏。但是不要害怕，您只要将最终目标分解成若干可以逐步实现的小目标，按照12周骑行计划，循序渐进，您就可以实现目标。虽然努力很重要，但将过程划分为一系列的小挑战也同样重要。首先您要下定决心（检查是否已做到），然后开始锻炼（先骑几千米），再一周一周坚持下去。由易到难，循序渐进比一步到位要简单得多。所以，收起您所有的顾虑，现在就开始吧，逐步实现您的目标！

一件事

现在您只需要关注一件事，那就是开始锻炼。不要试图刚开始就戒掉烟酒或只吃果蔬。如果一次改变太多，很有可能会坚持不下去。

切实地迈出第一步。您没必要看到整个楼梯，只需要迈出第一步。

——马丁·路德·金

每个人骑行都有自己的目的：可能想减肥、练练肌肉，也可能仅仅是想要保持健康的身体，也可能是听了朋友们的冷嘲热讽……

无论出于什么原因，一定要记住，关注骑行挑战本身而不要关注动机。如果总在担心减肥速度不如想象中的快，您很可能会灰心丧气，进而放弃挑战。您应该集中精力完成每个小目标，并奖励自己每一个所取得的进步。至于减肥、身体素质变好等目标，在您的身体更加健康后自然会实现。

初期阶段，一个重要的步骤是预想自己成功。将未来的成功画面映入脑海有助于驱动身体迎接挑战。

虽然这件事情在哪里都可以完成，但是挑一个安静、不受打扰、可以闭目养神的地方有利于集中注意力。您只需要花几分钟，如果您从来没有类似经历也不要紧，因为这些步骤很简单。

您只需要在12周骑行初期想象自己的身体非常棒就好了。想象您辛苦锻炼后，身体强壮，神清气爽，在路上快步竞走毫不费力；想象剩下的路程一点点减少，您冲向终点，非常开心。虽然这是个很简单的锻炼，但可为您迎接挑战做好准备。

听

倾听身体的声音。可以通过感受身体的反应，判断您什么时候舒服，什么时候难受。跟随此健身计划，听从本书建议，但要知道，您的身体才是您最好的指导老师。

看

在您付出实际行动之前，确保自己能预见最后的成功。您的大脑和身体是一个团队，大脑是领导者，所以请务必花时间去构想最终的成功。

如何使用本书

预想自己成功后，就可以一步步行动起来了。本书把骑行挑战分解成12个阶段，即12周。每周都会对这一周的重点做简要概述。您需在前一周结束时阅读下一周的计划，以便有时间消化它。

与前面所述一样，想象一下本周锻炼结束成功时的画面（来吧，您已经驾轻就熟了）。不要跳过这几秒的可视化画面，因为这对于在头脑中先行想象下一周锻炼有重要意义。您还可以在饮食、心理健康、睡眠等方面找到一些信息片段，这些信息片段完全可以运用到这12周的锻炼计划里。

锻炼计划和日记非常重要。每周结束时认真阅读下周的计划，就会有足够的时间来理解吸收。同时，也要确保留出时间写日记记录每日的活动，不要将日记慢慢退化成“有时间再做”，不然您会发现，一天结束之后您根本没有时间写日记了。要像对待一场重要的会议或一场家长会一样，认真对待每一周的锻炼。

在有些页面底部，您会看到一些交通灯图标提示“需要做”“需考虑”以及“不要做”等。这些是在锻炼中可以用到的小建议。您也会看到页面上有“奖励”，当这周锻炼完成的时候，给自己一点奖励，鼓励自己坚持下去。在右侧备注栏记录每天的感受，之后回味会非常有趣。您会惊讶于自己进步的速度。

在每一周的最后，总结一下自己在本周所取得的成绩。同样，利用日记栏记下自己的想法和感受，这是本周锻炼的一个分割线，并可为您下一周的锻炼做准备。然后，给自己一个奖励。

何时

如果您是第一次或长时间的休息之后开始锻炼，要先跟医生确认您的健康状况，向医生解释清楚您的计划，并征得医生的同意。

本周目标

第1周

承诺挑战

在每周结束时，阅读下周的锻炼内容，这样您才有时间来消化这些内容。

您需要告诉人家您的计划……

决定做一件事情是一码事，而承诺去做却是另一码事。告诉其他人您的计划。将计划公之于众后，您就很难打退堂鼓了。

您害怕成为焦点吗？或许您更倾向于低调行事，甘愿做一片鲜花旁的绿叶。如果是这样，你可能不愿意公布计划。不过您也不能跳过这一步，因为这是很重要的一个环节。如果您跳过这一步，只是把计划藏在心里，您就有可能只会坚持锻炼几周，甚至您很可能会提前放弃。

所以您周一需要做的是：不需要骑自行车！挑选至少5个人，告诉他们您的计划。这只是您做出承诺而已。

这个是您本周目标的概要。在这一节的其他地方，您会发现一些关于饮食或心理健康的小片段。

本周目标

向至少5个人宣布您将要开启12周骑行计划。

告诉大家您的25公千米骑行计划，完善细节，让您的计划更加具体。将计划公之于众后您就很难打退堂鼓了。

锻炼计划

第1周：锻炼计划和日记

		日记
周一	告诉至少5个人您计划在12周内实现25千米的骑行目标	
周二	去家自行车店检修自行车	
周三	骑15分钟，熟悉车把手和换挡装置等。最好不要在公路上（可以在公园）骑行，如有需要，可随时停下来休息	
周四	休息	
周五	低速骑15分钟。再次强调，不要在公路上（可在公园的小道上）骑行。按照您可接受的速度快速骑行	
周六	休息	
周日	低速骑20分钟。以您能坚持的速度完成，不需要太费劲儿。如有需要，可停下休息	

认真记录您每天的锻炼情况。

在这一栏记下您的想法，哪怕只是一句“去跑步的路上遇到了史密斯夫人，她好美丽！”或“今天的感觉好极了。”

这些是本周锻炼的额外建议。

这是您本周结束应该得到的奖励。

本周提示

需要做　保持自行车状态良好，定期清洗、上油，收紧松动的配件。

需考虑　整个锻炼期间写日记，记录天气状况、里程数和您的努力程度等。

不要做　开始阶段用力过度。以后的锻炼强度会逐步加大。

奖励

目标达成

就是这样！

第1周完成

- 您向至少5个人宣布了12周的骑行计划。您将会更加投入地完成挑战。
- 您终于开始骑自行车了。虽然可能还不够熟练，但您已经开始了，这是最关键的，接下来便可再接再厉了。
- 您的自行车已被检修过，处于最佳状态，车座也被调到了合适的高度。
- 您完成了第一次“距离”锻炼，并且您是以自己感到舒适的速度匀速完成的。

这是您本周取得的成绩。

无论锻炼效果的好坏，都要花费时间记录您在本周的感受。

本周小结

1 第1周

承诺挑战

您需要告诉大家您的计划……

决定做一件事情是一码事，而承诺去做却是另一码事。告诉其他人您的计划。将计划公之于众后，您就很难打退堂鼓了。

您害怕成为焦点吗？或许您更倾向于低调行事，甘愿做一片鲜花旁的绿叶。如果是这样，你可能不愿意公布计划，不过您也不能跳过这一步，因为这是很重要的一个环节。如果您跳过这一步，只是把计划藏在心里，您就有可能只会坚持锻炼几周，甚至您很可能会提前放弃。

所以您周一需要做的是（不需要骑自行车）：挑选至少5个人，告诉他们您的计划。这只是您做出承诺而已。

本周目标

向至少5个人宣布您将要开启12周骑行计划。

告诉大家您的25千米骑行计划，完善细节，让您的计划更加具体，将计划公之于众后您就很难打退堂鼓了。

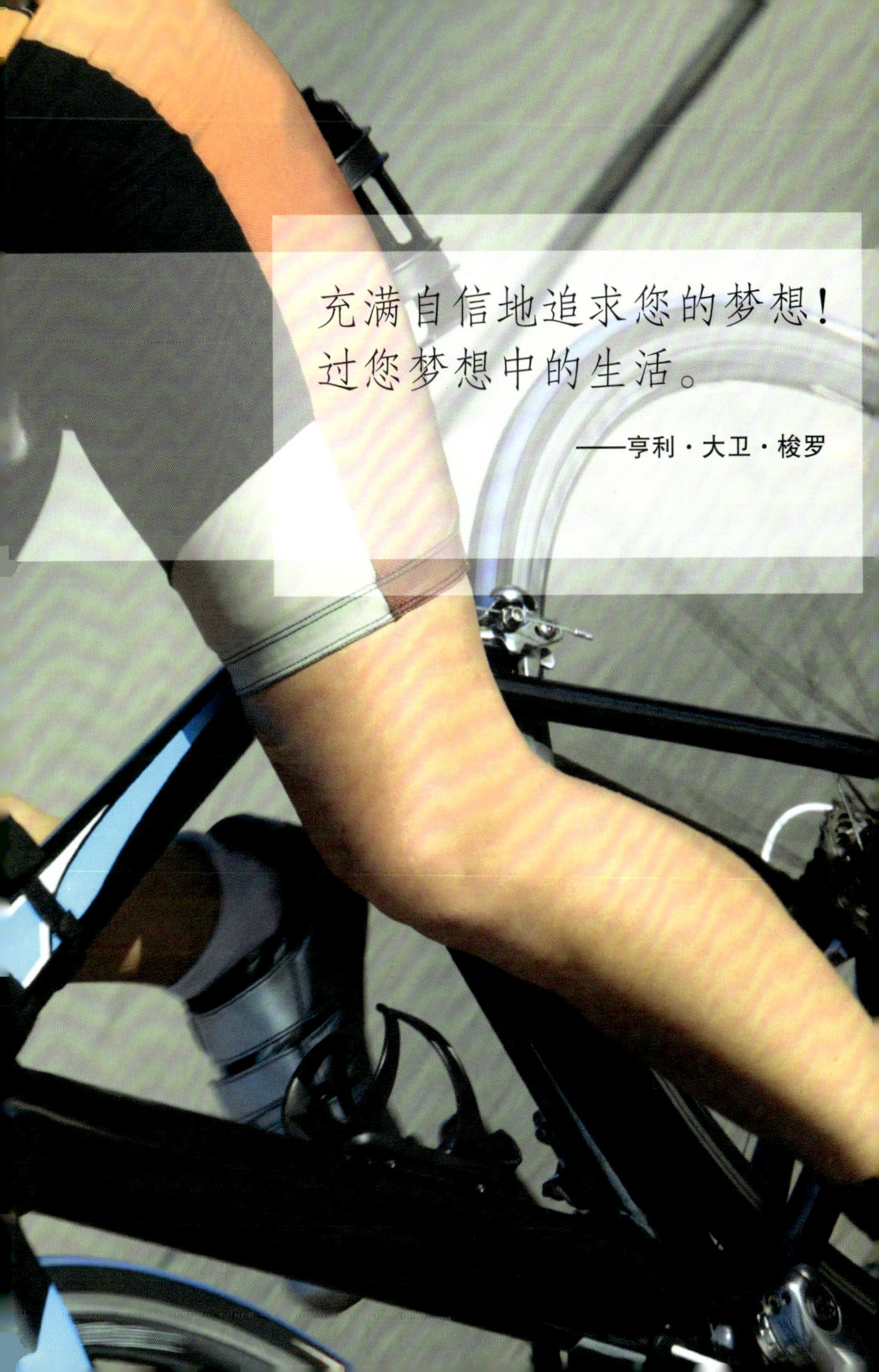
充满自信地追求您的梦想！
过您梦想中的生活。
——亨利·大卫·梭罗

第1周：锻炼计划和日记

		日记
周一	告诉至少5个人您计划在12周内实现25千米的骑行目标	
周二	去家自行车店检修自行车	
周三	骑15分钟，熟悉车把手和换挡装置等。最好不要在公路上（可以在公园）骑行，如有需要，可随时停下来休息	
周四	休息	
周五	低速骑15分钟。再次强调，不要在公路上（可在公园的小道上）骑行。按照您可接受的速度快速骑行	
周六	休息	
周日	低速骑20分钟。以您能坚持的速度完成，不需要太费劲儿。如有需要，可停下休息	

本周提示

需要做：保持自行车状态良好。定期清洗、上油、收紧松动的配件。

需考虑：整个锻炼期间写日记，记录天气状况、里程数和您的努力程度等。

不要做：开始阶段用力过度。以后的锻炼强度会逐步加大。

奖励

给自己买一件荧光骑行夹克吧。

您不必冲进闹市向所有人宣布：我受够了身材走样，我要用12周变苗条！即便采用这种方式也不会有人相信您。

在恰当的时候引入健身话题。如果有人问起您周末做了什么，您可以简单回答说您出去逛街买了本书，决定开始骑行锻炼，或者把书放在办公桌上，不久就会有人来问那是什么书，您有什么计划。

人们喜欢交换信息，要做好您的计划很快散播开的心理准备。您可能会得到不一样的反馈，大多数人会支持您（希望如此），不过也会有少部分人不甚在意，更糟的是有的人会打击您。当遇上负面的反馈时，您更应该下定决心，不能被他们打击而失去了信心。负面的反馈通常来自于那些担心自己可能完不成类似挑战的人，所以您不妨回赠他们一个苦笑。

不过，总体上这应该是个获取正能量的过程，所以确保您所告知的人中至少有一部分是支持您的，如最好的朋友、家人等。

50

50分钟，是您本周的锻炼时长，可能比您和朋友喝咖啡或看电视的时间还要短。就像您为安排其他任何活动留出时间一样，要确保您有50分钟锻炼的时间。

情感上认同并服从于您的承诺才能提高效率。

——贝莱恩·科斯罗

195
BODY
BUILDING

从以上数据可以看出大多数人都很容易陷入锻炼不足的陷阱。在接下来的12周，当您想要放弃时就提醒自己这一点。

如果您感到非常有自信，那就不要害怕在微信、微博等社交平台公布您的计划，不过您要保证一定量的线下消息传递，因为这样会更加有效。

这周您还要熟悉自行车。我们强烈建议您把车推到自行车店全面检修，如果您的车已经放置了很长时间，这一步尤为必要。让店里的技师帮您把车座调到合适的高度，这对骑行很重要。

在开始骑行时，要找一个安静且安全的地方（如公园），花上几分钟熟悉自行车的基本操作。即便您自视为一名合格的自行车手，我们也建议您在重新熟悉自行车前不要直接上路。

周日进行“距离”锻炼。虽然本周的锻炼时间只有20分钟，但是随着您体质的增强，这样的锻炼时长也会增加。周日锻炼最重要的是以您能坚持的速度匀速骑行，集中精力找到使自己感到舒适的骑行节奏。

英国女性锻炼情况

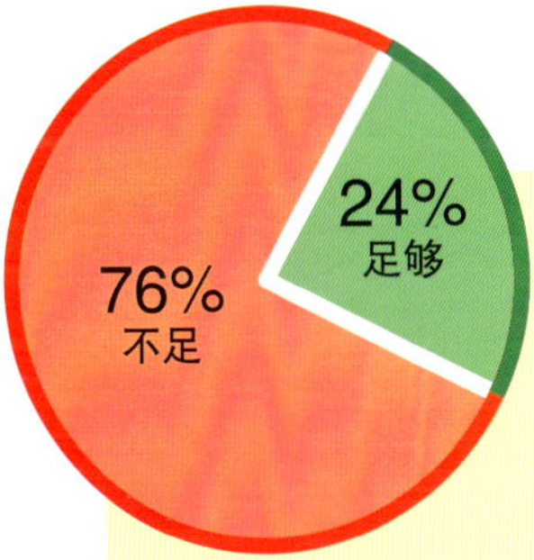

英国政府发布的健康指南显示，在英国，只有24%的女性（37%的男性）进行了足额的锻炼。

数据显示，大多数人非常容易陷入锻炼不足的陷阱。如果您想在接下来的几周放弃锻炼，记得提醒自己这一点。

拉马车的不是马，而是荞麦。

——俄罗斯谚语

就是这样！

第1周完成

- 您向至少5个人宣布了12周的骑行计划。您将会更加投入地完成挑战。
- 您终于开始骑自行车了。虽然可能还不够熟练，但您已经开始了，这是最关键的，接下来便可再接再厉了。
- 您的自行车已被检修过，处于最佳状态，车座也被调到了合适的高度。
- 您完成了第一次“距离”锻炼，并且您是以自己感到舒适的速度匀速完成的。

本周小结

第2周

正式开始骑行

现在，您做好了思想准备，行动起来吧……

在身材走形、很久都没有骑自行车的情况下，真正投入健身前做好充分的思想准备很重要。这也是为什么到目前为止，您的主要任务都集中在做思想准备和为运动规划时间上。上周您也曾进行骑行的锻炼，不过都安排在诸如公园一类的安全场地。现在，可以上公路骑行了。

时隔数月或数年后重新开始骑行要注意以下几点。首先，开始阶段如果累了，可以停下来休息，这没什么丢人的。

记住，现在是12周计划的开始阶段，您需要慢慢增强体质。所以虽然计划中有一些特定的时限（如周日骑行35分钟，其中15分钟不间歇），不要忘记这些只是目标，如果您确实需要休息，那就把休息也列入健身计划中。

本周目标

动起来——慢起速，匀速骑行。

按照骑行计划各个击破，稳扎稳打，此不失为良策。如果身体累了，不妨休息休息。

指导固然重要，但鼓励成就一切。

——约翰·范·歌德

第2周：锻炼计划和日记

		日记
周一	休息	
周二	低速骑25分钟。如身体需要，可随时停下休息	
周三	中等速度步行10分钟	
周四	休息	
周五	低速骑20分钟。找一个人比较少的可以骑10分钟的环形公路，骑2圈，中间休息2分钟	
周六	休息	
周日	低速骑行35分钟，其中至少15分钟不间歇	

本周提示

需要做：确保自行车尺寸合适。不合适的自行车会让人感到不适甚至造成伤害。

需考虑：参加瑜伽或太极课程，掌握呼吸和调整姿势的技巧。

不要做：在现阶段挑战陡坡等地形。

奖励

周日早晨懒懒地睡上一觉。

回忆您小时候骑自行车时的欢乐时光：您踩着脚踏板直到筋疲力尽才肯停下来歇口气，歇够之后又开始疯骑。孩子不会想如何锻炼，他们这种一上来就拼尽全力的运动方式不利于身体健康。不要用“不想像个疯孩子一样骑车”的借口拒绝骑行锻炼，我们的12周计划是循序渐进、科学有效的，您也不会像孩子那样盲目骑行。目前，实现各周的目标仍是您的当务之急，至于如何实现无须太过忧虑。

另一项需要注意的是您的骑行速度，尤其是锻炼开始时的速度。要慢起步，而后稍微减速，之后慢慢提速，直至找到使您感到舒适的速度。

健身计划的开始阶段的速度真的并不重要，毕竟再慢的速度都比您躺在沙发上看电视要快。享受回到车座上重塑体形的过程吧！虽然刚开始您可能会上气不接下气，两条腿僵硬无比，但是至少您已重新开始运动了。长久缺乏锻炼后突然运动，身体有点僵硬再正常不过了。很快，您的肌肉会逐渐适应并变强壮，要不了多久您就不会气喘吁吁了。

2.4升

人体每天丢失或排出水分约为2.4升，因此我们每天都需要补充这么多的水。虽然食物可以提供水分，但是每天喝足够的水也是非常重要的。人只有喝足够的水，才能确保不会脱水。

想想自己想要什么，而不是别人想让您要什么。

——杰瑞·吉利斯

371
268
TAMARACK
RUDY

要注意身体发出的信号。虽然这项计划循序渐进，带领您朝终极目标——25千米骑行——前进，但是只有您最清楚身体每天能接受的运动量。即使您一开始精神抖擞，轻松自如，也不要超过计划锻炼量。刚开始尝试新运动时很容易超负荷，通常刚开始铆足劲向前冲的人都到不了终点，所以一定要按照计划锻炼。

最后，您是否在意自己的姿势？在骑行的时候一直担心自己看起来是否优美。解决这个顾虑的方法便是心理暗示法，您告诉自己：“不必担心，我才不管别人怎么想呢。”当然，事情往往没有这么简单。如果您还是在意，可以在安全的前提下选择没人的早晨或夜晚骑行，也可把自行车放在车后，开车去一个没人认识您的地方骑行。

每日摄入的热量

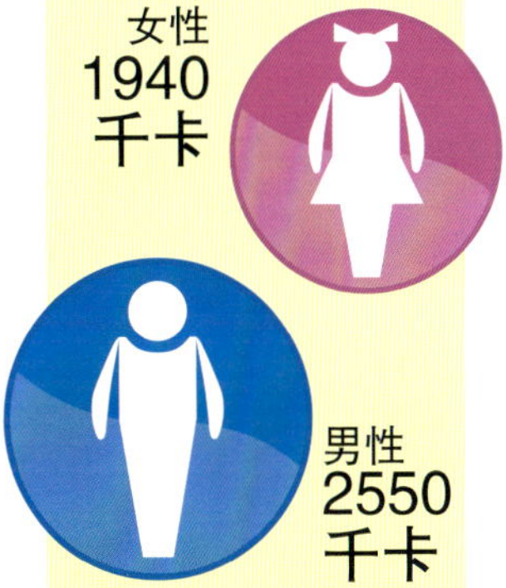

人们没有必要对摄入的热量过分担心，我们买的大多数食物包装上都清晰地标明了营养成分，所以我们很容易就能注意到摄入的热量。

一个人每天需要的热量取决于各种因素，如身高、体重和生活方式。上图显示的是英国某权威机构调查后得出的人体每日摄入的热量平均值。

对于强者来说，没有什么不可能。
——约翰·海伍德

就是这样！

第2周完成

- 您已经领悟到休息并不是“作弊”，一开始就竭尽全力骑行的方式并不可取。您有12周的时间来完成这项挑战，所以现阶段无须操之过急。

- 开始时，您要慢起步，然后慢慢找到舒适的节奏匀速骑行。

- 您重新开始锻炼了，这足以让您乐在其中。即便您上气不接下气，四肢僵硬也无妨，至少您已重新运动了！

- 您知道骑行时不必在意自己的样子，不必在意别人的看法。

本周小结

第3周

好好休息，充分拉伸

保证充足的睡眠，经常拉伸，在不锻炼的日子里好好休息……

之前我们提到过，您的身体很善于适应环境变化。诚然，刚开始它会叫苦连天，但是要不了多久它就能见招拆招，应对自如。您选择懒懒散散地躺在沙发上叫外卖时身体都没有异议，如今您开始锻炼，它自然也会快速适应。而且，您还可以采取一些措施帮助身体快速适应。

休息、睡眠和拉伸，牢记这三个要素，它们始终贯穿整个锻炼计划。实际上，这三个要素的重要性堪比实际锻炼环节。

关于休息。锻炼是在逼迫自己的身体运动（缺乏运动是您的肌肉僵硬酸痛的原因），因此您需要休息来恢复身体机能。一旦身体机能恢复，它就能接受更大强度的运动。但是如果您跳过休息这一步（或没有休息好），您就会在下次骑行时感到疲惫不堪。虽然这一点大家都懂，但是很多人在运动期间仍做不到好好休息。希望您不要成为其中的一员。休息不是单纯的不运动，而是全身心放松。

本周目标

将休息视为健身计划的重要一环。身体在锻炼后需要通过适量的休息来恢复。

尽可能花费一些时间好好休息。留一些时间做自己喜欢做的事情，如看电影或读书。

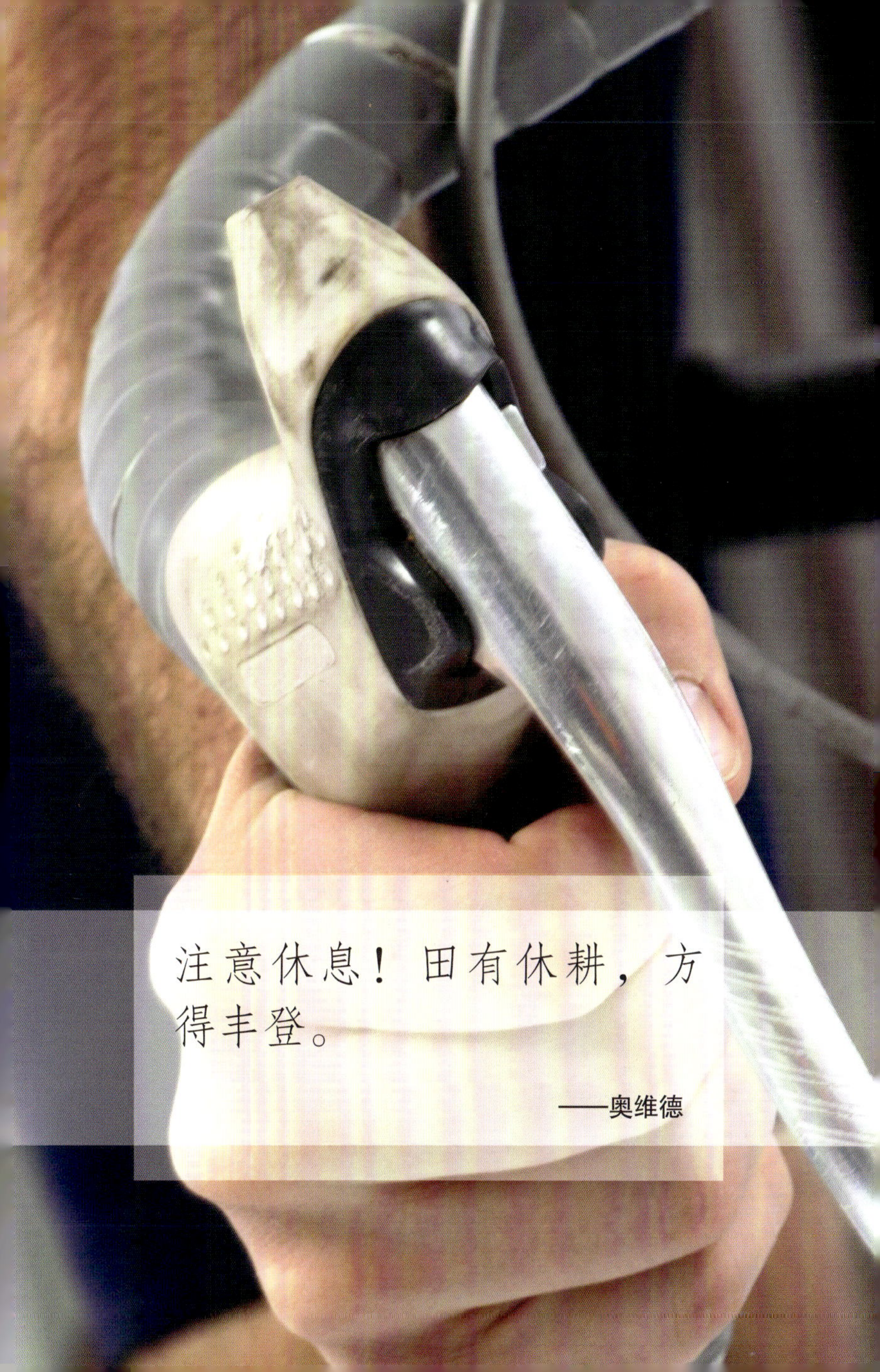

注意休息！田有休耕，方得丰登。

——奥维德

第3周：锻炼计划和日记

		日记
周一	休息。本周的锻炼时间有所缩减，为的是让您的身体适应锻炼，变得更强壮	
周二	低速骑20分钟。热身，骑8分钟，休息2分钟，重复2次。注意以感到舒适的速度匀速骑行，调整呼吸	
周三	中等速度步行10分钟	
周四	休息	
周五	低速骑20分钟（重复本周二的锻炼）	
周六	休息	
周日	低速骑30分钟，其中至少15分钟不间歇	

本周提示

需要做：庆祝一下自己坚持到了第3周。您不再是运动的旁观者！

需考虑：摄入更多的碳水化合物，如燕麦、面包和面条。它们会为您提供能量。

不要做：忘记热身和拉伸。

奖励

抹上沐浴精油，泡个舒服的热水澡。

当然，生活在当今社会意味着您可能无法长时间闲坐在花园里沐浴阳光。您有工作，有家庭，有社交生活，在健身计划期间您很难对这些撒手不管。更糟糕的是，现代生活的压力使我们对休息感到内疚，我们总是觉得应该鞭策自己再多做一些事（只要让自己忙起来，什么事都可以）。似乎谁休息了，谁就会被贴上“懒惰”的标签。“前进，再前进”是当代城市生活的真实写照。

正因为现代生活的这些压力，您需要像努力找时间锻炼身体那样努力找时间休息。不管是泡个舒服的热水澡还是看一部鼓舞人心的电影，总之，选一个您喜欢的方式休息，争取在休息日真正地休息。

睡眠好了，休息也就好了。在大多数人的认知中，成年人每天需要8小时的睡眠。然而，睡眠时间因人而异，8小时睡眠并不适合于每个人。有人睡眠可能需要多于8小时才满足，有人少于8小时也能精力充沛。所以，这里再次强调，听从自己身体的信号，只有您清楚您需要多长时间的睡眠。

38%

英国的一项研究表明，不爱运动的人比爱运动的人多花38%的时间在医院，多花5.5%的时间去看医生，多花13%的时间来接受专业治疗。

按照空气动力学原理，蜜蜂是飞不起来的，但蜜蜂不懂这些，反而飞起来了。

——玫琳凯·艾施

ZOOM
Horizon

每天尽量规律作息，很多人会在工作日减少睡眠（因为来自工作和生活的压力），然后在周末睡懒觉（还得在孩子允许的情况下）。然而，身体更喜欢规律地作息，所以在生活方式许可范围内，尽可能地每天定时睡觉和起床。

拉伸作为“柔和”的运动常被忽视。过去您长期窝在沙发上一动不动，如今您开始锻炼了，您当然恨不得大干一场，这是再自然不过的反应。不过您应该在骑行前活动活动筋骨。每次锻炼开始前和结束后，留出几分钟，拉伸身体的每一个部位，尤其是腿部和背部。锻炼刚开始的几天，您可能会发觉自己骑行时身体僵硬（尤其是脖子和肩膀）。出现这种现象是因为身体处于紧绷状态，这时应该停下来再次拉伸肌肉。另外，在休息日也要好好拉伸身体，使肌肉处于放松状态。

外卖食物所含的热量

或许没有什么比外卖更好吃了，但是要注意这些食物中的热量。上图是一块炸鸡（163克）、一个汉堡（215克）和一个比萨（直径15厘米）中所含的热量。

快乐是一种选择，需要您时刻努力争取。

——阿农

就是这样！

第3周完成

- 重视休息日。骑行时锻炼过的肌肉会在休息时得到放松和恢复。

- 您知道睡眠是最佳的休息方式。尽量规律地作息，不要在筋疲力尽、超负荷运转后再让身体“补回来”。

- 您知道锻炼前的热身运动和锻炼后的舒缓拉伸都至关重要。

- 如果您想在锻炼时保持身体轻盈，就要在休息日做一些拉伸运动。

本周小结

第4周

让骑行成为习惯

不知不觉，骑行已成为您生活中不可缺少的一部分……

就在不久前，生活的压力（尤其是时间的压力）使您径直回家，叫一份外卖，蜷在电视机前……这种轻松舒适的生活，正是一天忙碌工作后所需要的。

接下来的几周您又一次次地做了相同的选择。然后，您和送外卖的小伙子成了要好的朋友。您本无意养成这种习惯，但是习惯一旦养成就很难打破，所以您持续着外卖–电视–沙发的生活模式。

但是，正如您一遍遍重复一个行为养成坏习惯一样，您也可以通过同样的方式养成运动的好习惯。好习惯和坏习惯的养成原理一样。所以，坚持锻炼计划，努力坚持锻炼，相信自己正在逐渐养成运动的好习惯。不知不觉间，您会习惯性地早早起床，推自行车出门骑行。“等等，刚才发生了什么？”您可能会问自己。坚持做一件事情，它自然会在不知不觉间形成习惯。

本周目标

好习惯与坏习惯养成的方式是一样的。您只需要一遍一遍重复同一行为即可。

所以，要想养成骑行的好习惯，您只需要按照计划锻炼即可——就是如此简单。

只培养您乐意培养的习惯。

——阿尔伯特·哈伯德

第4周：锻炼计划和日记

		日记
周一	休息。本周四和周六有交叉锻炼作为自选项（如游泳或在健身房运动）。放轻松	
周二	低速骑30分钟。热身，骑8分钟，休息2分钟，重复3次。注意以感到舒适的速度匀速骑行，调整呼吸	
周三	中等速度步行12分钟	
周四	休息或交叉锻炼。做些有趣的事	
周五	低速骑30分钟。热身，以感到舒适的速度骑6分钟，最后30秒适当增加强度。快踩踏板2分钟或休息2分钟，重复3次	
周六	休息或交叉锻炼	
周日	低速骑40分钟，其中至少30分钟不间歇	

本周提示

需要做：锻炼在较高速度下稳步骑行的能力。这样锻炼会更加有效，也有利于锻炼大腿肌肉，为长距离骑行做好准备。

需考虑：学会修补轮胎。可以向当地自行车店工作人员请教或阅读修理手册。

不要做：在感冒或身体不适的情况下逼迫自己去锻炼。从健身角度看，这种情况下出去锻炼不仅会一无所获，还可能有损健康。

奖励

给自己来一次舒服的按摩。

您可以采取哪些行动来促使自己养成运动的习惯呢？首先您必须努力坚持锻炼计划，不要让其他事情阻碍您的计划。

您应该继续像记录重要会议那样在您的锻炼日记或手机里记下锻炼进度。提前了解整个计划安排，以便为节假日和长耗时的事项提前做好计划。记住，本计划针对繁忙人士量身制定，时间弹性大，如有必要，可自由调换一两天。如果您在工作或生活上有紧急情况而耽误了锻炼，您也大可不必自责，毕竟紧急情况不可避免。您只需要把事情都处理好之后再找空余时间重新锻炼即可。

其次，与别人一起锻炼也是一个好办法。您可以找一位和您身体状况相似的伙伴一起锻炼。你们一起全程参与锻炼计划会增添非常多的乐趣，但也不一定非要全程都在一起。或许您有个朋友周日想和您一起完成远距离骑行锻炼，而另一位朋友乐意和您一起散步。

66天

养成一个习惯平均需要66天，这是平均的时间，将新行为转换为日常的习惯，有的人耗时更短，有的人则更长——所以请坚持下来，不久运动将成为您的习惯。

成功人士之所以成功是因为他们拥有成功的习惯。

——博恩·崔西

有多少人有充足的睡眠?

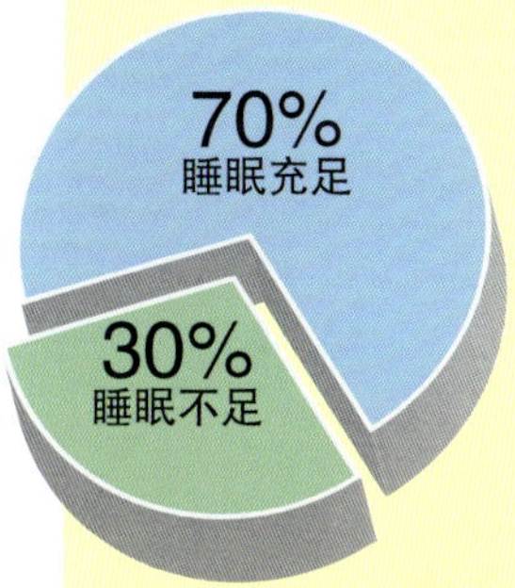

美国权威机构调查发现，30%的成年人睡眠不足（平均每天睡眠不足6小时）。

睡眠不足会引起诸多健康问题，也会使锻炼难以进行，所以请确保您是睡眠充足的一员。

有锻炼伙伴的好处在于你们可以互相鼓励。当您感到疲惫丧气时，同伴的劝慰足以鼓舞人心。另外，在知道同伴正在等您的情况下您也更容易坚持锻炼。四处问问，您会惊讶于您的朋友和家人中竟然有很多人乐意加入您的锻炼队伍中，他们哪怕只是参与一部分锻炼。

建议您挑一天中最不会被打扰的时间进行锻炼。如果您早上要送孩子上学，自己还要去上班，那在早晨安排骑行锻炼就不太合适（除非您愿意每天起个大早）。

再次强调，您需为生活中的意外留有余地。如果您认为晚上是您的最佳锻炼时间，那么当晚上临时有个聚会时，可以将锻炼调到中午。运动不仅是您生活中的一个有趣部分，也应该和您生活中的其他部分和平共处。

首先，我们养成自己的习惯，然后，我们的习惯才成就我们。
——约翰·德莱顿

就是这样！

第4周完成

- 您坚持按计划锻炼，逐渐形成了骑行的好习惯。
- 您知道好习惯和坏习惯的形成方式是一样的。如果您重复一个行为很多次，如定期骑行，那么您就能把它培养成习惯。
- 像对待重要会议那样对待锻炼计划。除紧急情况外，您不该让任何事情阻碍锻炼。
- 您应该在一天中最不会被打扰的时间锻炼，当然也要保持一定的灵活度。

本周小结

第5周

享受平稳的骑行

把注意力集中在脚下的踏板上，充分享受骑行……

对一位骑行者而言，一切都豁然开朗是骑行中最妙不可言的。肩膀无比放松，双脚快速踩踏板而毫不费力，自行车在柏油路上飞驰，晴空万里，微风拂面。在一个车辆稀少的午后出去骑行，您会不禁感叹生活是如此美好！

虽然到目前为止，您只完成了部分锻炼，但是希望您已经尝到了骑行的美妙滋味。您骑得越多，四肢就越灵活，您就越能享受骑行时的通畅感。花点时间提升骑行技巧也有助于更快达到那种通畅境界。

您最需要关注的是保持稳定的踩踏频率，避免脚踩踏板时的猛烈晃动。这是因为踩踏板至顶部和底部时存在“死点”。每次向下踩动踏板时，尽可能均匀发力。您对这个动作掌握得越好，花的力气就越少，每次踩踏的效果也就越好。

本周目标

稳定匀速地踩踏板。

现阶段无须细究技术和科学细节。专注于匀速踩脚踏板，平稳骑行，不要像在与自行车对抗似的。

心无所束，成功自来。

——艾德琳·辛克莱

第5周：锻炼计划和日记

		日记
周一	休息	
周二	低速骑35分钟。热身，骑12分钟，休息或快踩踏板2分钟，重复2次。注意以感到舒适的速度匀速骑行	
周三	中等速度步行12分钟	
周四	休息或交叉锻炼	
周五	低速骑35分钟。热身，以感到舒适的速度骑8分钟，最后30秒适当增加强度。快踩踏板2分钟或休息2分钟，重复3次	
周六	休息	
周日	低速骑45分钟，其中30分钟不间歇	

本周提示

需要做：随着锻炼时间的增加，注意增加睡眠时间。睡眠有助于提升身体各方面的功能。

需考虑：多喝水，三餐后各喝一杯水，尤其是在炎热季节，要记得在自行车上放一壶水。

不要做：放弃。您很快就要到半程了。

奖励

手机关机1小时，跷起脚，身体放松。

专业骑手花费数年才掌握踩踏技巧，而您只有12周时间，所以您应专注于寻找使自己感到舒适的踩踏频率。如果您现在有意识地花些时间思考踩踏技巧，那么很快它会成为您的第二天性。

同时，您也应该注意放松握住车把的手。握得太紧，手部肌肉会紧张，而肌肉紧张很容易蔓延开。如果您感到肌肉紧张，可以做几次深呼吸，很快您就会发觉身体又放松了下来。如有必要，停下来，轮流抖动舒缓四肢，轻轻地揉一揉颈部和肩膀。

如果您还没购买合适的自行车装备，那么现在是时候购入了。当然，如果您乐意，您也可以在25千米锻炼时穿一条旧短裤或紧身裤和一件宽松的T恤。不过，特制的骑行装备在恰当的地方（臀部周围）装有衬垫，使用透气材料制作而成，适用于各种天气环境。您是倾向于让您背部酸痛，湿乎乎粘在身上的T恤，还是倾向于能减少摩擦，只吸入少量雨水的骑行装备呢？时刻备一件冲锋衣，在降温或下雨时穿上。另外，如果您生活在常年炎热晴朗的地区，不要忘了准备防晒霜和遮阳帽。

20%

专家研究发现，女性体脂率20%、男性体脂率15%为正常。当女性体脂率升至30%，男性至25%，则属于肥胖。测量体脂率需要专业设备。

船停泊在港湾虽然非常安全，
但那不是我们造船的目的。

——威廉·谢德

如果您极其渴望买一双合适的骑行防滑鞋，此时可以考虑购入一双。不过在购入之前一定要考虑清楚，毕竟穿防滑鞋需要一定时间去适应，况且您的自行车踏板已经足够防滑了。不过，您应该确保您穿的运动鞋足够坚硬（沙滩鞋就不合适），以免踩踏不准，让脚受伤。

和需要买单车短裤做防护一样，您也可以考虑购入一个专业级的车座。顺便说一句，如果您觉得穿紧身单车短裤很不好看，您可以在外面再加条轻薄的裤子，虽然不那么舒服，但至少可以让您安心自在、专心骑行。虽然一些车座是旅行专用而不是比赛专用的，不过现阶段我们追求的是舒适而不是速度。

饮品中的热量

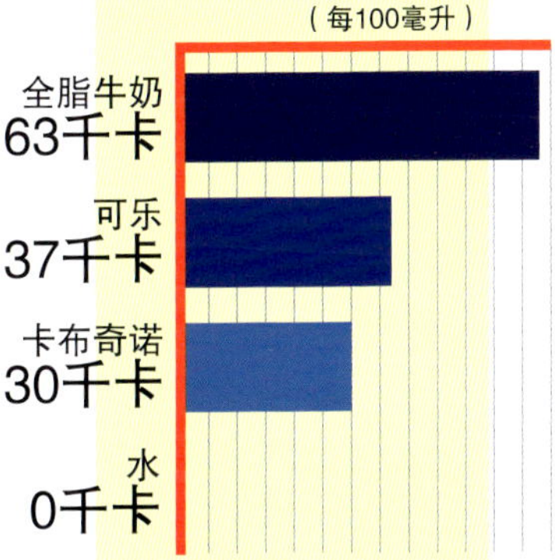

每天喝的饮品累积起来热量值不小，但也不要因此不喝，因为不喝饮品很容易脱水，您只需要均衡饮品类型。上图分别标明了一杯全脂牛奶、一杯可乐、一杯卡布奇诺和一杯水的热量。

我们的生活不是由我们的遭遇决定的，而是由我们应对遭遇的反应决定的；我们的生活不是由生活给我们带来了什么决定的，而是由我们对待生活的态度决定的。

——阿农

就是这样！

第5周完成

- 您开始享受骑行的舒畅感觉。
- 您知道握车把的手要保持放松，如有需要，不妨停下来抖动放松一下僵硬的部位。
- 您知道提高车技的最佳方式是保持稳定地踩踏频率，避免不稳定地踩踏。
- 您应该购入了一些合适的骑行装备和一个填有衬垫的车座。合适的装备有助于轻松骑行，避免运动损伤。

本周小结

第6周

健身有益

相信潜意识，锻炼带来的益处很多……

人的潜意识非常强大。这也是在锻炼起始阶段我们鼓励您想象自己成功的原因（也是我们以后继续鼓励您这么做的原因）。

虽然您的身体快要坚持不下去了，但是您的大脑更加了解情况。您的大脑清楚，只要正确施压，您的身体就能有所突破。

您定下12周25千米骑行目标时就已经释放您的潜意识了。从那时起，您的潜意识就一直在为您的目标服务，即使您还没有注意到这点。当您坚持锻炼，并始终专注于25千米骑行目标时，慢慢您可能会发现自己开始研究膳食营养、骑行设备或者骑行技术等项目3。所以即便您没有刻意关注膳食营养，您也会突然间发觉自己吃得更健康了，这是因为您的潜意识在驱使您为锻炼补充身体需要的营养物质，或者在几次背部疼痛过后（因为您坚持在距离锻炼时穿松松垮垮的沙滩裤），您可能会发现自己不知不觉走进了运动用品店挑选单车短裤。这听起来很简单，其实都是您的潜意识在起作用。

本周目标

放松，让潜意识发挥作用。潜意识是很强大的工具，在您定下25千米骑行目标时，潜意识就已发挥作用了。

随着锻炼的不断深入，您的身体更加强壮，潜意识会在生活的其他方面发挥作用，如指导您更健康地饮食等。

生活要么是一场大冒险，要么什么都不是。

——海伦·凯勒

第6周：锻炼计划和日记

		日记
周一	休息	
周二	低速骑30分钟。热身，骑12分钟，休息或快踩踏板2分钟，重复2次。注意以舒适的速度匀速骑行	
周三	中等速度步行10分钟	
周四	休息或交叉锻炼	
周五	低速骑30分钟。热身，以舒适的速度骑6分钟，最后30秒适当增加强度。快踩踏板2分钟或休息2分钟，重复3次	
周六	休息或交叉锻炼	
周日	低速骑40分钟，尽量全程不停歇	

本周提示

需要做：注意要有特定的几周减少锻炼量，逐渐调节身心状态，为下个阶段做准备。

需考虑：回顾您之前的表现。您认为您的弱点是什么？哪些方面可以改进？

不要做：沉溺于最终目标。

奖励

点一份喜欢吃的外卖，庆祝您目前取得的成绩。

不必担心生活中的其他事情，毕竟您已经迈出了开始锻炼这个重要的一步，而且您现在仍在坚持锻炼。正如我们一开始强调的，不一定非要改变您生活的其他方面。骑行带来的其他益处，像饮食改善及车技提高等，都是水到渠成、自然而然的事情。也许您已经发现自己时不时地会在餐盘里多加一点儿蔬菜。没有人可以在一夜之间变成健身达人，您只需要专注于锻炼，至于其他的益处，以后自然而然会让您体验到。

虽然锻炼计划还有好几周才结束，但现在可以开始考虑去哪里完成25千米挑战了。

30分钟

健康专家指出，年满18周岁的人应做到每周5天、每天30分钟中等强度的锻炼。运动不一定要连续，但一次至少持续10分钟。每周至少进行2天肌肉力量型锻炼。

所有成功都取决于凡事追求高标准的能力,而不是仅仅停留于凑合的程度。

——阿农

不同运动30分钟的热量消耗值（千卡）

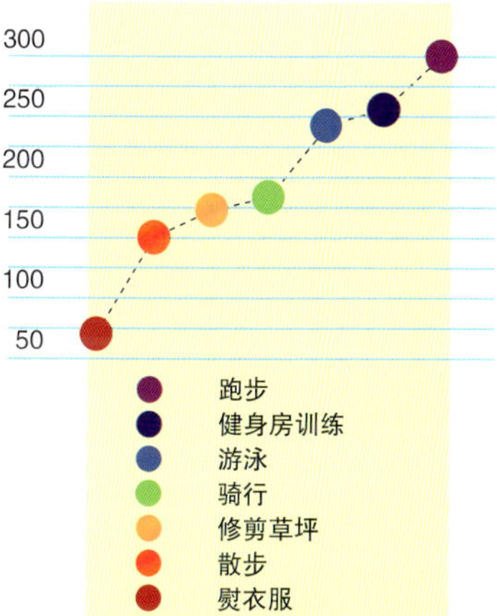

不同运动消耗的热量值也不同，即使是一些日常的活动也能帮我们保持健康。

上图所示活动是以正常走路速度修剪草坪、6.5千米/时的速度散步、19~22千米/小时的速度骑行、46米/分钟的速度游泳、9.5千米/时的速度跑步所消耗的热量。

当然，报名参加与您目标骑行日刚好吻合的自行车赛是最棒、最有趣的事了。可不幸的是，不像跑步运动，目前针对新手或非专业自行车手的比赛寥寥无几。不过如果您用心去查，还是能找到几个符合您要求的比赛的。

如果比赛地点距离您住的地方很远也不必担心。只要把挑战改在周末，带上您的同伴、家人或朋友。这样也有利于调动您接下来几周的积极性。参加赛事还有诸多便利，赛事设有水站，有负责道路安全的人员，赛程也是经过准确测量的。您也可以关注由学校或其他社区组织举办的骑行比赛。

不过，如果您确实没有找到合适的赛事，或仅仅只想单独完成，您不妨组织一次属于您自己的“挑战比赛”。

开车很容易就能测量出25千米的距离，接下来的挑战日您只要带上秒表，迈开腿尽情骑行。记得选一条交通情况良好且安全的线路，尽量选一条不同于以往锻炼的路线，好让您的比赛更加新奇、有氛围。

健康使您觉得现在是人生中最美好的时刻。

——富兰克林·皮尔斯·亚当斯

就是这样！

第6周完成

- 您知道，在您定下25千米骑行目标时就释放了您的潜意识，它会在锻炼期间发挥作用。
- 您知道随着锻炼的不断深入，各种益处会纷至沓来，如身体更健康。
- 您知道这些益处该来的时候自然会来，不可强求；专注于25千米骑行这个终极目标。相信您的潜意识会把事情理清，享受各种益处到来的美妙感觉。
- 您开始考虑挑战日的细节。当您选定了骑行挑战的地点和时间，其他问题都会迎刃而解。

本周小结

第7周

离成功越来越近

回顾走过的每一步，祝贺自己坚持到了现在……

保持乐观很重要，尤其对于已经坚持到现在的您来说，为您今天的成就感到自豪吧！少去想您那些内心挣扎的苦日子，多在状态好的时候锻炼。您最好忘记失败，记住成功，忆甜忘苦（这也同样适用于生活中的其他方面）。

在锻炼期间，您或许总有那么几天会不想锻炼，这是难免的。即使您做对了所有事情：保持水分充足、睡眠良好、饮食健康、正确拉伸肌肉，但总有那么几天您还是感觉“不对劲儿”（不是指生病了）。不用担心这些，这种状态是锻炼的一部分。专注于积极的一面——您已经多骑了好几千米，或许可以调整一下技术。

始终将锻炼计划视为一堆小积木，您正一个个将它们堆积起来。一块一块累积，朝您的最终目标前进。所以即使在您提不起劲儿进行锻炼的日子，您至少可以安慰自己——您已经搭好了一堆重要的积木。

本周目标

记住状态好的锻炼时光，忘记状态不好的日子。

有不想锻炼的时候是很正常的。即便在这种时候，您也在朝终极目标前进。

永远都要做最好的自己,而不是第二好的别人。

——朱迪·加兰

第7周：锻炼计划和日记

		日记
周一	休息。本周要进行一些山坡骑行锻炼，所以这期间要抓紧时间多休息	
周二	中低速骑40分钟。找个避开交通拥堵的山丘地段。热身，骑10分钟（至少包括一个山坡），休息或快踩踏板2分钟，重复3次	
周三	中等速度步行14分钟	
周四	休息或交叉锻炼	
周五	中低速骑40分钟。热身，骑15分钟，每隔5分钟增加强度骑30秒。快踩踏板2分钟或休息2分钟，重复2次	
周六	休息或交叉锻炼	
周日	低速骑50分钟，尝试着全程不停歇	

本周提示

需要做：如果觉得运动量太大，可适当减少锻炼量。根据自己的身体状况，如有需要，可多休息一天。

需考虑：加入当地的骑行俱乐部。您会从其他骑行者那儿获得极大的支持和鼓励。

不要做：老想着和别人比赛。

奖励

奖励自己一大根巧克力棒。

通过定期锻炼，您的身体状况和心理状况都在慢慢改善。如果您没有意识到，可以回去看看自己的日记。（您一直在坚持记日记，对吗？）

开始时您的日记上很可能都是诸如“几分钟后我就累死了，我能坚持下来吗”的心得。把这些心得和现在的比较一下，您就会发现自己进步神速。再次强调，多想想骑行时的快乐时光，不断鼓励自己。

现在您已经完成计划的一半了。如果严格按照计划锻炼，您到现在已经完成了18次骑行锻炼，5次长距离步行，外加一些交叉锻炼（还有大量的拉伸运动）。锻炼量充足，能为您以后的锻炼打下坚实的基础。我们提醒您这一点是因为有相当一部分人在这个阶段会担心自己锻炼的量还不够。这主要是因为终极挑战就在眼前（刚开始时您觉得还很遥远，感觉并不真切）。您若担心自己练得还不够就很可能会去做额外的锻炼。您可能会在应该休息的时候继续锻炼，或超量超时进行远距离骑行锻炼。

7, 8, 9

我们大部分人从小就被教育要保证8小时的睡眠。专家建议成年人每天睡7~9小时。只有您自己清楚适合自己的睡眠时间。尽量规律作息，不要通过周末补觉的方式来调整作息，因为这会打乱您的睡眠周期。

我们经常开怀大笑，笑总比哭好，不是吗？

——贝蒂·怀特

无论如何，超量锻炼都应该避免。本计划经过精心设计，让您在12周内逐步实现从窝在沙发上到轻松骑行25千米的蜕变。您要相信，只要按照本计划锻炼就能顺利实现目标。超量锻炼会让您筋疲力尽，难以实现目标。

不如将精力集中在更积极的事情上！或许您可以利用您的挑战进行慈善募捐。当然，如果您已经报名参加了资助骑行赛，那就再好不过了。不过即使您参加只有您一人的“骑行赛”，您也完全可以进行慈善募捐。我们大部分人都心怀慈善，报名参加慈善公益也可以激励您完成挑战。慈善机构会很乐意接受您的支持，快发一封邮件说明您的计划吧。大多数慈善机构会为此做好准备，会为您提供募捐所需要的所有材料，如赞助表、海报等。

预计的2050年英国男性肥胖比例

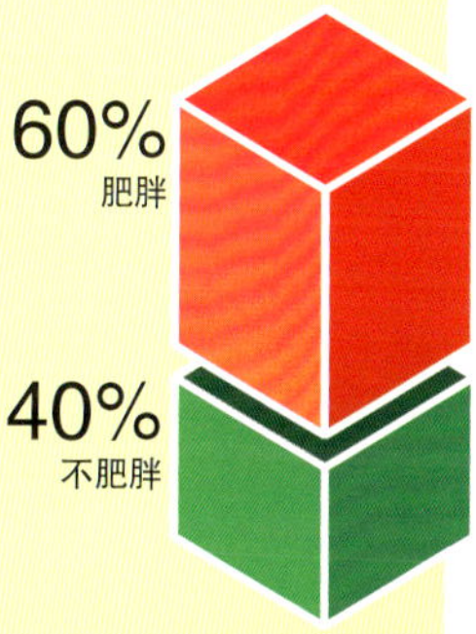

据预计，如果不采取任何改善措施，到2050年，英国60%的男性、50%的女性及25%的儿童会出现过度肥胖。不过，您正在坚持锻炼，不会过于肥胖。

如果没有目标和需要克服的障碍，我们在生活中就不能获得真正的满足和快乐。

——马克斯韦尔·马尔茨

就是这样！

第7周完成

- 您不再为状态不佳而烦恼，知道这是锻炼期间的正常情况，把它们当成一种经历。记住状态好的时光。

- 您已经坚持到了现在，好样的！

- 您知道不必担心锻炼的进度或去做超量的锻炼。相信只要按照计划锻炼，您就能实现目标。

- 完成这周的锻炼后，您就走过本计划的一多半了。

本周小结

第8周

想象成功

想象自己轻松完成25千米骑行时的场景……

本计划开始阶段的视觉化练习就是让您想象成功时的画面。这个锻炼有利于让您的大脑协助身体实现目标。在您身体做好准备之前，大脑可以判断出需要做哪些准备才能实现目标。正因为如此，大脑会协助身体适应练习，直到身体做好准备。

但是出于某种原因，“视觉化”一词会吓到一部分人。其中或许是因为有些人很反感那些虚张声势、陈词激昂、言过其实推崇视觉化技巧的演讲者。事实上，我们在生活中经常会用到这个技巧，只是您没有意识到罢了。

当您去展望那些梦寐以求的东西时，如房子，您就在运用这个技巧。您允许自己的大脑去想象您渴求的东西。您会“看到”您喜欢的房子有多少个卧室。在您想象的画面里，会加入自己需要的洗漱间（或许是自己的独立卫生间）。您或许会“看到”一个大花园，里面有儿童娱乐区，还有足够大的空间让您的狗玩闹。又或者，您的画面里还有个大大的游泳池呢。

本周目标

想象挑战日当天的画面。

重复第1周的视觉化练习，但是这次要尽可能地为画面填充细节。“感受”出发时的兴奋，“闻一闻”清新的空气，“听一听”周围的声音。您填充的细节越多，25千米骑行当天您就越轻松自在。

太阳升起，照耀众生。

——阿农

第8周：锻炼计划和日记

		日记
周一	休息	
周二	中低速骑45分钟，找个至少有一个山坡可以骑行10分钟的环形公路。热身，如有必要，爬坡时保持坐姿，休息或快踩踏板2分钟，重复3次	
周三	中等速度步行16分钟	
周四	休息或交叉锻炼	
周五	中低速骑45分钟。热身，慢速骑20分钟，中等速度骑20分钟。放松至少5分钟	
周六	休息	
周日	休息或拉伸。接下来的几周对于您的挑战非常关键，所以请您今天进行预习，并为接下来的锻炼安排好时间	

本周提示

需要做：运动后30分钟内吃点小点心，这是补充能量的最佳方式。允许做其他重要的事情，以后找机会再继续锻炼。

需考虑：检查自己骑行的姿势是否正确，收紧骨盆，以缓解冲击。姿势不当通常会造成背部疼痛。

不要做：把之前遗漏的锻炼塞进后面的锻炼之中。

奖励

一杯美味的奶昔。

就像大多数人那样，您可以为您想象中的画面填满细节。您会知道房子的建筑风格，地板的样式，甚至房间的布局和配色方案。可能您自己都没有意识到，您的大脑在帮您实现梦想。或许几年之后您就住进了您的梦想小屋，这可要归功于您那辛勤的大脑。不过，大脑能发挥作用的前提是您主动地去想象您的目标（如房子）。

如果这个办法在房子这么大的事情上都能奏效，那用在25千米骑行上就是小菜一碟了。所以花上几分钟重复想象一下锻炼，不过这次记得填充细节。您想象得越具体，您挑战当天就会越舒适自在。因为您在运用“未来记忆”，即您已经“记得”尚未发生的事情。再次强调，找个不被打扰的、安静的地方进行“未来记忆”，可以闭上眼睛以集中注意力。

2

运动饮料含有2种重要的成分——电解质和碳水化合物。长时间的锻炼会使身体失去电解质，而碳水化合物可以提供额外的能量。水对大多数爱运动的人来说是很重要的，也可以试试运动饮料，看看您喜不喜欢喝。

拾起勇气，追随心灵和直觉。它们总能知道您真正想成为什么。

——史蒂夫·乔布斯

想象自己整装待发去骑行。“看到”诸如当天穿的骑行服的颜色等细节。“看到”自己把水壶装好，然后来到自行车架上。想一下和锻炼同伴碰面时聊的话题。“看到”自己站在起跑线上，热情洋溢。“闻到”清新的空气，上车时触碰到自行车的金属框架。出发时倍感舒适，不一会儿就骑行了几千米，很快您就骑过半程标记，感觉自己强壮又自信。又几千米过去了，您很“享受”此刻毫不费力踩踏板的感觉。画面中不要害怕加入几个小坡，这样在挑战当天您就会不畏惧山坡。

骑到最后几千米的时候，您和同伴在聊什么呢？您喝了口水，感到清爽无比。这是最后几千米了。您努力锻炼过，没什么可怕的。在您的画面里，从视觉到嗅觉，再到听觉，越具体越好。想象自己异常享受这最后几千米的骑行，没什么可以阻挡您。当最终完成挑战时，您心花怒放。现在，所有的细节您都想象过了，实际的挑战就是轻而易举的事了。

酒精中的热量（千焦）

565	544	465	770
啤酒	白葡萄酒	金酒	甜酒

人们饮下的各种酒的热量值很容易计算出来。图中显示的分别是330毫升啤酒（酒精纯度4.8%）、175毫升白葡萄酒（酒精纯度13%）、25毫升金酒（酒精纯度40%）和275毫升甜酒中所含的热量数值。

饭疏食饮水，曲肱而枕之，乐亦在其中矣。
——孔子

就是这样!

第8周完成

- 您做得很好，正在步入12周骑行计划的下半程。
- 您意识到当让大脑想象您梦寐以求的画面时，您就调动了它的主观能动作用，它帮助你实现梦想。
- 您重复了第1周的视觉化练习，即便您可能对它心存疑虑，让您的大脑知道您的身体需要做什么。
- 您为25千米骑行画面填充了尽可能多的细节，这会对您迎接真正的挑战有帮助。

本周小结

第9周

终点就在前方

朝向终点冲刺……

本计划开始时主要是调动您的积极性和让您重新骑自行车，当做到换挡不低头时您可能就会开心不已了。慢慢地，这些骑行基本技能您都会重新掌握，很快骑行就会成为您健身的方式。

现在您又重新熟悉了自行车，至少换挡不需要低头了，您可以花些时间提升技能。虽然没必要一夜之间成为骑行专家，但是稍微花上几分钟学习技能，既可以节省力气，还可以提高车速。

首先，没有人喜欢爬坡，所以您不是一个人这么想。前一分钟您还在兜着风平稳骑行，怡然自得，转个弯一条长长的山坡出现在眼前。骑行途中不可能都是一马平川，上坡和下坡都不可避免，所以爬坡障碍是您必须克服的。说不定哪天您就把它当成挑战克服了——谁知道呢？快要上坡时，不要忘了调准挡位，您要在爬坡前还处于平地的位置就开始换挡。如果您换得太晚了，就会因为挡位太高造成爬坡困难，甚至停在山坡上。即便是专业的自行车手也可能会犯这种错误，所以您要多加练习，以保证每次爬坡动力充足。

本周目标

关注您的车技和心理状态，从而提高骑行水平。

学一些基本的骑行技巧，包括上坡、下坡和踏频等，这样既可以帮您节省力气，还可以提高车速。

痛苦是暂时的，放弃却是永久的。
——兰斯·阿姆斯特朗

第9周：锻炼计划和日记

		日记
周一	休息	
周二	中低速骑35分钟。热身，以舒适的速度骑8分钟，休息或快踩踏板2分钟，重复3次	
周三	中等速度步行10分钟	
周四	休息或交叉锻炼	
周五	中低速骑35分钟。热身，以舒适的速度骑6分钟，最后30秒增加强度，休息或快踩踏板2分钟，重复4次	
周六	休息	
周日	低速骑45分钟	

本周提示

需要做：保持膳食平衡——碳水化合物占50%、蛋白质占30%、脂肪占20%。

需考虑：少看电视，多看书。

不要做：在运动前吃垃圾食品。这会严重影响您在锻炼时的表现。

奖励

享受放松的一天，想吃什么就吃什么。

爬坡时尤其要注意保持匀速踩踏板，避免出现以前说过的“死点”。爬坡时应平稳发力，心里要明白爬坡时速度会自然下降。不管怎么样，不要用蛮力使劲上坡。虽然大多人潜意识里都有“击败这个长坡”或“我要尽快骑完这个坡”的想法，但这些并不是好想法。爬坡时一定要平稳发力。

成功爬坡后，不要停下来或者减速，要以同样的力气平稳骑行，很快您就会缓过劲儿来。如果您是在爬坡全程或半途推自行车上来的（虽然已经锻炼好几周了），也没有关系，因为在接下来几周您还会不断进步。

避免身体前倾，因为身体前倾，会使人的重心前移，不安全。另外，也不要脱离车座站起来，因为这样会加快心率。虽然碰到特别陡峭的山坡时确实需要站起来，但要尽量减少站起来的次数，以免心率过快。

4或9

每克意大利面、面包、谷物、水果和蔬菜等食品中的糖分和淀粉（碳水化合物）含4卡（17焦）热量，每克脂肪中含9卡（38焦）热量，是前者的两倍多。当您想要变得健康和强壮时，应该知道这些。

您看着那些已存在的事物，问：“为什么可以这样？”而我则梦想着那些从未被创造过的事物，说：“为什么不可以那样呢？”

——乔治·萧伯纳

上完坡可能就是下坡了。谁都乐意看到眼前一条长长的下坡路。骑累了遇上下坡就可以好好地休息一下。如果单纯想出去兜兜风，下坡也是不二之选。下坡时，您的身体会自然前倾，所以为了保持平衡和便于控制，应保持重心在自行车上。

下坡时要注意安全，尤其是在转弯的时候。压低身体会让人更舒适，但要注意保持流线型姿势慢速前进。骑得越快，您的反应速度就要越快，但您对自行车的掌控力就越小。如果当前的速度让您感觉不舒服，可以随时进行调整。

双手轻按在刹车上，不要急刹车，否则会摔伤。小心路上的坑洞和松动的石头，它们可能会造成事故。当然，在骑行赛中还要留意不要撞到其他参赛者。

四种基本食物组合

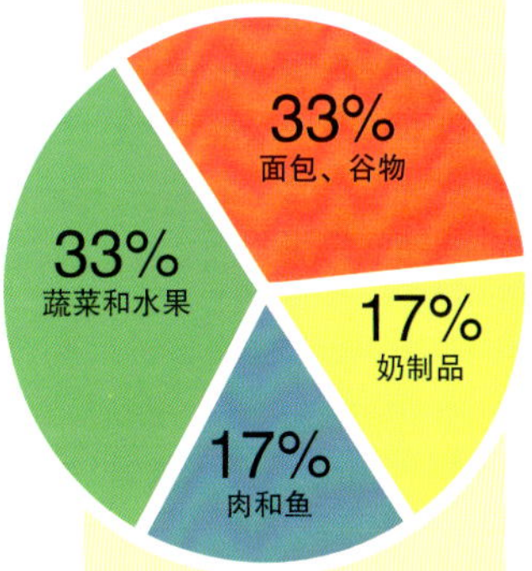

试着按照上图“四种基本食物组合”所示保持饮食均衡，每天都摄入上述食物，但也要限制饮食中包含的脂肪量。

不鸣则已，一鸣惊人。

——司马迁

就是这样！

第9周完成

- 您知道在锻炼期间花上几分钟思考如何提升车技是值得的。
- 您知道在爬坡前而不是上坡之后正确换挡非常重要。换挡时机没把握好的话，可能使您停在山腰上。
- 您知道爬坡时平稳发力非常重要，而且清楚爬坡时会减速。不要试图去“击败”山坡。
- 您下坡时车速会自然加快，要相信自己可以控制车速。

本周小结

第10周

专注目标

不要过度自信，有时过度自信会让人功亏一篑……

几周前您开始试探性地踩自行车踏板时，没想到数周后的今天需要警惕过度自信吧？不过到了现阶段，终点似乎触手可及，过度自信可能成为隐患。

刚开始锻炼时，您的进步可能非常快。您身心倍感舒畅，有充分的理由为自己取得如此大的进步而感到骄傲。不过，您也会自我感觉过于良好，认为自己可以征服全世界。您尽可以享受进步带来的成就感，但不要忽略现实状况。九个星期的锻炼还不至于让您够格参加环法自行车赛。

过度自信就像一只险恶的小虫子趴在您的肩上，教唆您超量锻炼："不要理会您购买的那本破书。您是公路之王。多骑一会儿，骑快一些，再加一场锻炼。您是公路之王！"

本周目标

小心过度自信造成的超负荷锻炼。

总之，您只要享受锻炼的过程就好了，但记住您的目标是两周后的25千米骑行。但超量锻炼会把您弄得筋疲力尽。

勤劳的人爱太阳，懒惰的人爱月亮。
——中国谚语

第10周：锻炼计划和日记

		日记
周一	休息。这是最后一个高强度锻炼周，放轻松	
周二	中低速骑50分钟。热身，找个至少有一个山坡的可以骑行12分钟的环形公路，爬坡时保持坐姿，休息或快踩踏板2分钟，重复3次	
周三	中等速度步行16分钟	
周四	休息或交叉锻炼	
周五	中低速骑50分钟。热身，慢速骑20分钟，中等速度骑20分钟。舒缓身体至少5分钟	
周六	休息	
周日	低速骑60分钟	

本周

需要做：告诉亲朋好友您的进步。您会惊讶于他们听到您的目标时的激动心情。

需考虑：在自行车上使用防穿刺轮胎，因为它们可以为您减少大量的麻烦。

不要做：忘了您的目标——25千米无间歇骑行。

奖励

做个SPA或蒸个桑拿。

把您肩上的“虫子”拍下来捏碎（它不是真的，不算杀生）。您已按照计划锻炼到现在了（希望如此），一定要坚持到底。如果您被过度自信打败，事情可能会变成这样：

像往常一样，您出去锻炼（假设是周二，绕有上坡的12千米环形公路骑3圈）。拉伸热身完，您以中低速骑行，轻松骑完第1圈。2分钟休息间歇，您意识到自己相比以前更强壮了，您心想“可能是昨晚睡得好”。

您好奇第2圈是不是可以再骑快一点，或许可以快30秒？然后您开始尝试。第2圈骑完间歇时，您觉得自己像超人一样强壮。您出发骑第3圈时得出结论：“看来昨晚睡得真的很好。”骑第3圈时您决定看看自己到底能骑多快。

于是您一开始就发力，骑到最后双腿沉重发软时还在发力，您是很快骑完了这圈，满脸笑容地抵达终点。这有何不可呢？您已经证明了自己过去几周的辛苦锻炼没有白费。但是，问题在于，您的目标不是第10周在规定时间内骑完这3圈，您的目标是在第12周完成25千米的骑行。

17~19

澳大利亚和新西兰的研究人员发现，连续17~19小时不睡觉的人开车的表现比血液酒精浓度为0.5%（澳大利亚和许多欧洲国家对司机身体酒精含量的法律限定额）的人更差。不难看出，睡眠对于任何想要关注自己健康的人来说都很重要。

为什么我想赢？因为我不想输！
——马克斯·施梅林
ZOOM

以上做法不过是消耗完成最终目标所需要的体力。锻炼的精髓在于厚积薄发，使积蓄力量在恰当的时刻喷薄而出。如果您像上文中的那样做，很有可能最终会挑战失败。所以要避免过度自信，不管您自我感觉多么良好，都应该按照计划锻炼。

现阶段还要避免受伤和生病。适当的锻炼会降低您生病的概率，但还是应该继续采取措施预防生病，如注意保暖（尤其是锻炼后）、勤洗手并保证健康饮食和充足睡眠等。现在时间很紧张了，尽量不要让自己生病卧床了。

坚持稳定量的锻炼（不过度自信）和充分拉伸可有效减少运动伤害。锻炼前后充分拉伸，尽量在休息日多做拉伸。如果您还是不幸生病或受伤了，那就好好休息直到康复。如有必要，向医生或理疗师咨询能否继续锻炼。

人体成分

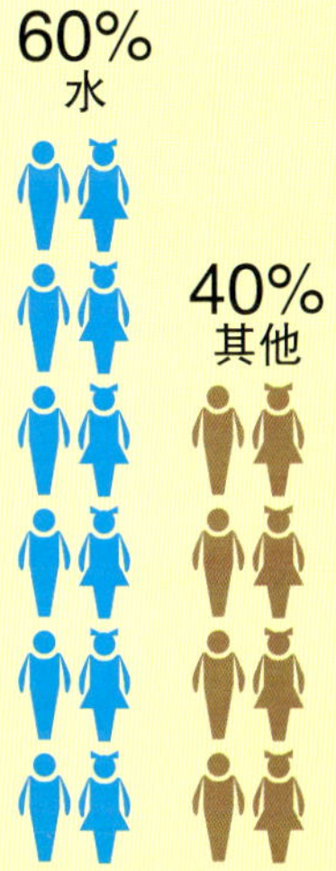

水占正常人体重量的55%~60%。大脑中水的含量是70%，血液中水的含量是83%，肺中水的含量是90%。所以每天都要喝足够的水，以保证身体健康。

人们总说奋斗的精神不会长久。同样，洗澡的效果也不会维持很久。所以，我们建议每天都要洗澡和给自己鼓劲儿。

——孜格·齐格勒

就是这样！

第10周完成

- 经过一番辛苦锻炼后，您变得既强壮又健康。享受这种变得健康的过程，但挑战在即，您仍需努力。
- 您知道不管您自我感觉多么良好都要避免过度自信。过度自信会让您在锻炼时用力过猛，超负荷锻炼，最终使您难以实现终极目标——25千米骑行。
- 您会尽力不让自己生病或受伤，以免破坏您的计划。注意饮食健康，睡眠充足，充分拉伸。
- 您知道如果生病或受伤了，应该好好休息，直到康复。如有必要，咨询医生或理疗师，生病或受伤期间不要锻炼。

本周小结

第11周

放松

挑战在即，您可以放松下来……

大部分锻炼计划都会给人安排一定的放松时间，本锻炼计划也不例外。因为您已经付出了努力，所有的里程都体现在您的双腿上，现在您要为25千米终极目标储存能量。

所以本周锻炼时长都有所下降。周二、周五的骑行锻炼从50分钟降到40分钟；周日的锻炼时间为50分钟，相比上周减少10分钟；步行锻炼也减少了几分钟；如果您乐意，周四的交叉锻炼可以保留，不过要以轻松的节奏进行。

现阶段您可能会因为自己练得还不够或者练得过多而感到紧张。临近比赛前感到紧张是再自然不过的事了。比赛日越近越紧张。您可以告诉自己：“我已经按照计划锻炼了10周，辛苦的付出都已显出成效，没什么可担心的。”

本周目标

避免做您心愿清单上的其他事项。

当比赛临近时，人们普遍会做些其他的事情来分散注意力。这是因为您太紧张了，不过您应该避免这么做。专注于手头的任务，全身心为挑战做好准备。

没有了灵感，人类思维的最强大力量就处于休眠状态。

——赫尔德

第11周：锻炼计划和日记

		日记
周一	休息。运动量从现在起开始减少	
周二	中低速骑40分钟。找个有山坡的路段，热身，平地骑行时尽量降低心率，保存体力	
周三	中等速度步行12分钟	
周四	休息或交叉锻炼	
周五	中低速骑40分钟。热身，慢速骑4分钟，中等速度骑1分钟，重复6次	
周六	休息	
周日	低速骑50分钟	

本周提示

需要做：在家时抬起双腿放松肌肉，促进血液循环。

需考虑：将游泳加入交叉锻炼（如果您还没这么做），因为水下项目利于身体机能恢复。

不要做：不在健身前热身和健身后拉伸。

奖励

给自行车换上新轮胎。

尽管您可能要忙于工作和生活，但也要尽可能地专注于您25千米的骑行目标，适当减少其他事务的时间。虽然您不可能像专业骑手那样生活和为比赛做准备，但您可以适当安排您能掌控的事情，不要去担心您无法掌控的事情。

工作、接送孩子上下学、与家人的日常通话，这些不该少的一样也少不了，这是您无法掌控的，所以和往常一样处理这些事情就行了。您要做的是关注那些您可以掌控的事情，重要的是避免在这个节骨眼开始一个新计划。我们都有一长串的心愿清单，如学一门外语、学习陶艺等。虽然这些都值得嘉奖（我们也相信您有一天会去落实），但现在还是让它们在清单上多待一会儿吧。

您无法控制一切，您必须尽您所能来处理这些情况。但是有很多事情是您可以控制的，所以让我们专注于这些可控制的事情。

36℃

在炎热的天气里运动时要格外小心。一旦温度上升到36℃，建议您取消锻炼或将其推迟到一天中较凉爽的时间，因为高温会给您的身体造成很大的伤害。

运动不塑造性格，但体现性格。

——约翰·伍登

平衡膳食

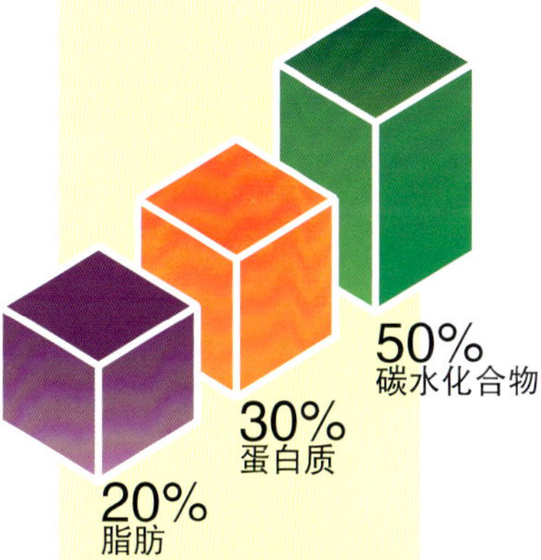

尽量让每餐的食物比例与上图一致。

碳水化合物来自大米、面包、水果和蔬菜，蛋白质来自肉类、奶制品和蛋类，而坚果、鳄梨、绿色橄榄、鱼油和橄榄油中则含有脂肪。

您之所以会想在现阶段去做心愿清单上的事，是因为您想分散紧张情绪，这是很正常的反应。但是应该避免接触心愿清单上的事项（至少等到您骑完25千米之后再接触它们）。现在您应该专注于您的骑行挑战。

几天后就要挑战了，您现在应该保证每晚睡眠充足，每天饮食健康，少喝酒、多喝水，保证水量充足。

每天按时睡觉，按时起床，规律作息，保证最佳睡眠。即使您以前的作息不规律，剩下的几天也要保证规律作息。白天多喝水（希望您已经养成了这个习惯）。如果办公室的饮水机在走廊另一端，您可以趁接水时活动活动。

因达到目标所得到的东西，没有因达到目标所成为的人那么重要。

——亨利·大卫·梭罗

就是这样！

第11周完成

- 本周锻炼量有所减少，您可以享受一个相对舒适轻松的锻炼周。这么安排是为了让您的身体为终极目标做好准备。

- 您知道您要先搁置心愿清单。不要通过开始一个新计划来缓解紧张情绪。心愿清单可以再放置几天。

- 您作息规律，每天按时睡觉，按时起床。

- 您养成了白天多喝水的习惯。

本周小结

第12周

向着目标出发

经过数周的努力锻炼，您整装待发……

现在是时候挑战了！感受骑行挑战来临时的激动心情吧。告诉自己因为坚持按照计划锻炼，您身体上和精神上都做好了准备，现在只剩下完成挑战了。

本周只有几次锻炼，以让您在比赛前保持放松的同时也练练手。周二骑行锻炼保持舒适轻松的节奏（挑战前最后一次骑行锻炼）。除此之外，只安排了一次步行（周三）和一次自选交叉锻炼（周四）。其他时间好好休息，多做拉伸。

挑战前把一切都准备好，这样您就不会在最后一分钟慌慌张张，不致于在挑战当天慌乱地找水杯……对照以下清单检查一遍，确保万无一失。

本周目标

成功完成25千米骑行挑战，这是您十数周来努力的目标。

享受挑战前最后一周的锻炼，相信只要按照计划锻炼，您就能完成挑战。

有些人在梦想成功时，另一些人却已经醒来并为之努力奋斗了。

——阿农

第12周：锻炼计划和日记

		日记
周一	休息	
周二	中低速骑30分钟。热身，慢速骑15分钟，中等速度骑15分钟，最后5分钟放松	
周三	中等速度步行10分钟	
周四	休息或交叉锻炼（如缓慢地游泳）	
周五	休息	
周六	选择较合适的一天，骑行25千米或休息	
周日	选择较合适的一天，骑行25千米或休息	

本周提示

需要做：进行最后一周的锻炼。

需考虑：买个自行车停放架，这样您就可以远离交通拥堵，骑车去景色宜人的地方兜风。

不要做：忘记带水杯。

奖励

祝贺自己实现目标。

清单

- □ 锻炼鞋
- □ 袜子
- □ 短裤或打底裤
- □ T恤或背心
- □ 音乐播放器
- □ 秒表
- □ 水或运动型饮料
- □ 能量棒
- □ 心率监测器（如有必要）
- □ 毛巾及湿巾

在挑战的前一天晚上您可能会很紧张，很难睡个好觉，所以在接下来的一周内尽可能地睡好觉。挑战的前一天晚餐要健康、清淡，要多喝水，这样早上您体内就会有充足的水分。不要喝含酒精和咖啡因的饮品，在挑战之后您可以把想喝的都补回来。如果选择早上开始挑战，前一天晚上要早点上床睡觉。

在早上开始挑战之前，要先吃早饭，并喝一杯（或几杯）水。这个阶段不要尝试新食物——继续吃在锻炼期间您已经习惯的食物。在出发之前，请您再想一遍要做的事情。

6~10

如果您想在白天中表现良好，那就睡个小觉，或者说得高级一点，即睡个"能量觉"，只要睡6~10分钟就够了。如果6~10分钟对您来说仍然是件困难的事情，可以再减少一点时间，这样就可以避免您醒来的时候感觉昏昏沉沉。

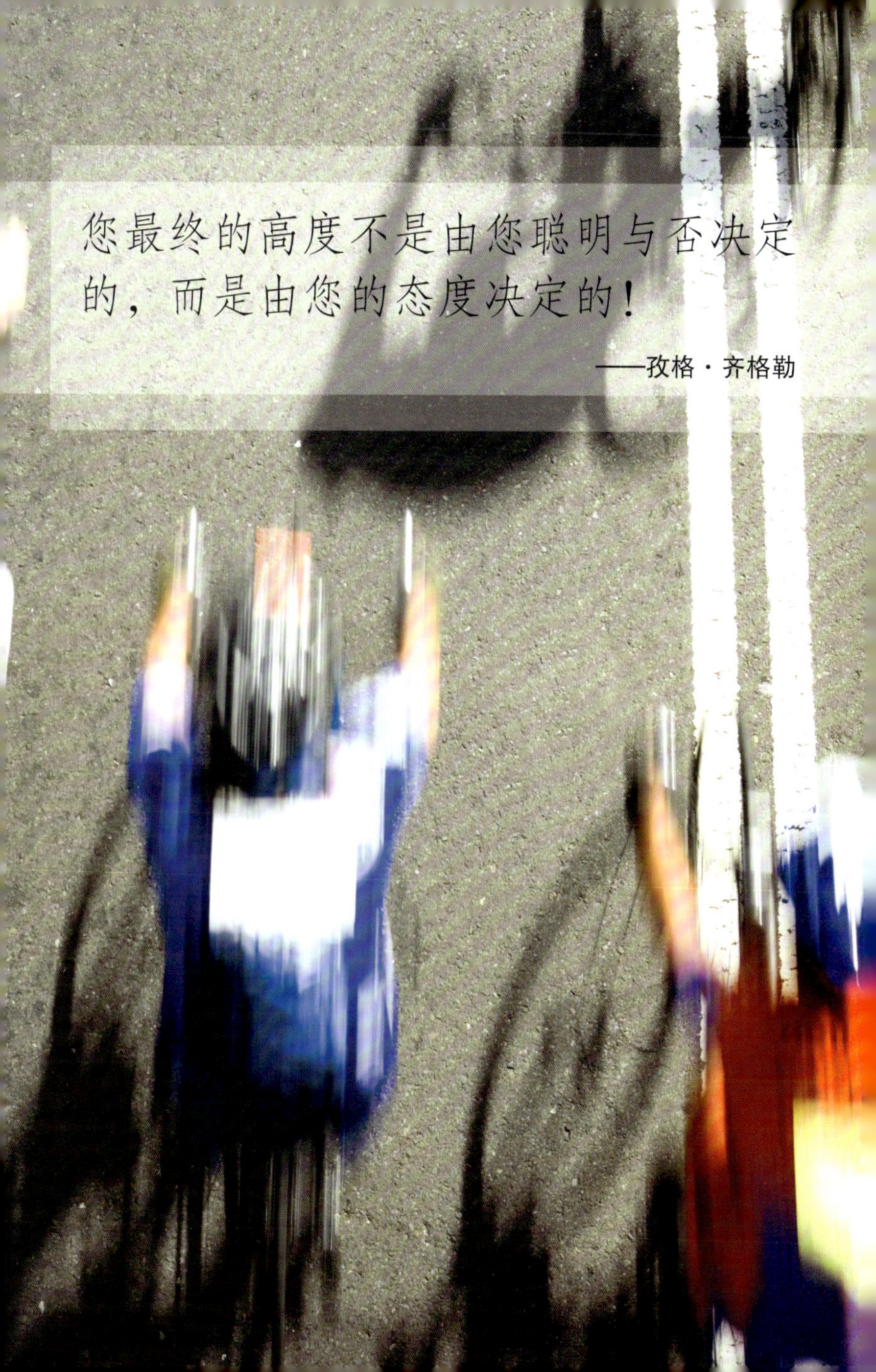

您最终的高度不是由您聪明与否决定的，而是由您的态度决定的！

——孜格·齐格勒

热烈气氛下很容易让人忘乎所以，您要专注于自己的节奏，不要被其他骑手的节奏打乱，也不要担心他们超过您。开始慢悠悠的人通常在后面的比赛中表现良好，所以您很有可能一个个地超越他们。

大型赛事有很多人参赛，道路很可能会出现拥挤。骑行时当心前面的骑手突然减速或停车。如果您需要停下来，慢慢骑至马路旁边。

如果您参加的是自己设立的“比赛”，也要像对待大赛那样对待您的挑战，毕竟您为它付出了很多努力。确保您为挑战准备了足量的水。如果您有个锻炼同伴，可以和他聊聊您的挑战以舒缓紧张情绪。一起聊聊骑行的路线，互相提醒完成挑战后就能获得奖励。

您准备好了，带上笑容，去享受您的骑行吧！

您留意过一旦气喘吁吁的初始阶段结束，接下来的锻炼是多么神清气爽、通体舒畅吗？

大量研究发现，运动和生活幸福感直接相关，会令人常挂笑脸——有比这更好的锻炼动力吗？

我知道成功的代价：奉献、勤奋和追寻理想的那份坚持。

——弗兰克·劳埃德·赖特

就是这样！

第12周完成

- 您12周完成了25千米骑行挑战，好样的！
- 恭喜您在这么短的时间内取到如此大的进步。
- 这段时间的辛苦锻炼使您变得更加健康和强壮。享受这种感觉，坚持健身。维持健康可比从开始健身达到健康状态简单得多。
- 是时候奖励自己了。不管您选了什么作为奖励，都告诉自己那是您应该得到的。

本周小结

接下来做什么？

想一想未来的锻炼

如果您想把所有的运动装备都打包收拾起来，一屁股坐回到沙发上，点上一份外卖，再来一杯可乐，请举起您的双手。我们必须承认，外卖吃起来真的不错，但是现在放弃锻炼不是很可惜吗？

您已经完成了最难的部分。锻炼最难的部分是开始阶段，您的身体因为长久疏于锻炼，一运动就“咯吱”作响，疼痛酸胀。但是您一旦摆脱这种肌肉的僵硬，您的身体状态就会越来越好，您现在就处于这种状态。

所以，如果想把装备都收起来就收吧。毕竟，您已经向自己，更向其他人证明了自己的能力。不过，更棒的想法可能是这样：既然我都完成了最难的基础工作，我要坚持下去，看看自己到底能锻炼到什么程度。

这段时间锻炼的益处（即使只是维持目前的锻炼强度）是很多的——睡眠质量提高，早上醒来更加神清气爽，白天不再觉得倦怠无力。您知道您能够承受这样的锻炼强度。

给自己设定一项挑战，因为这样您会有目标（正如本书的计划带领您朝25千米骑行目标迈进一样）。找个与您刚刚完成的挑战类似的运动（或者定个更远的距离）。如果您真的喜欢骑行，可以考虑加入当地的骑行俱乐部，和志同道合的伙伴一起锻炼，这会让您动力十足。

不要害怕尝试新运动，本书并没有说一定要骑自行车进行锻炼。游泳、跑步、跳舞都可以。总之，要动起来，保持健康。

如果您确实感觉失去了动力，去想想您在这次计划中收获成功时的喜悦。回顾一下您的日记，看看自己进步有多大，想想自己变得健康强壮了。不过，极有可能您一点也不沮丧，相反您现在感到幸福至极，准备朝更远的目标出发（如100千米骑行）。您完全有理由这么做，不过要注意量力而行。别忘了或许就在不久前您因为压力差点中止了锻炼。如果您忙得不可开交，还去挑战需要每周6天，每天3小时的健身计划，那就完全没有意义。

沉浸在完成挑战的狂喜时，人们通常会设定新的目标（这是好事），但是设定新目标要符合实际。确保您的目标是能够实现的，不然您会跟不上进度，慢慢丧失动力，甚至最终放弃（这时就变成了坏事）。一步一个脚印、循序渐进总比急于求成而最终失败好。

无论您下一步准备做什么，只要您设立了可行的目标，为之付出足够的努力，您都能实现目标，并从中获得快乐和满足感。这种良性循环模式不仅适用于健身，还适用于生活的方方面面。您可以不断从过去的12周锻炼中汲取成功的经验。

最后，再次恭喜您成功完成了25千米骑行挑战，不论您下一个挑战是什么，都祝愿您再接再厉，取得成功！

作者简介

丹尼尔·福特（Daniel Ford）曾经是资深久坐族的一员，但他偶尔会穿上运动服。当他第一次开始跑步的时候，他跑了不到几百米就筋疲力尽了。但两年后，他成功地完成了在南非开普敦著名的双洋超级马拉松，全程56千米。他的健身生涯也有着类似的经历：尽管第一次健身的时候他连站在哪里使用重量训练器械都不知道，但是几个月后，他就可以跟得上私教的训练进程——他的私教是前海军体育教练。

亚当·迪克森（Adam Dickson）毕生投身于健身事业者。2004年，其因突发脑癫痫而入院治疗，癫痫阻断其腿部血液循环，使其终身残疾。自此之后，他多次参加铁人三项赛、水陆铁人两项赛和艰苦的越野铁人两项赛。2006年，他参加完伦敦马拉松比赛后，紧接着参加了半程铁人三项赛。一年后，他在英国铁人三项赛中取得了14小时50分钟的骄人战绩。

罗素·墨菲（Russell Murphy）运动心理学家、本书的心理顾问。他经常与体育人士合作，为跑步者、高尔夫球手和足球运动员提供咨询服务。